Üben mit Zahlix und Zahline 4

© 2001 Bildungshaus Schulbuchverlage (45658)

Inhaltsverzeichnis

Die Zahlen bis 2 000 2–4
- Zwei Tausenderstreifen 2
- Zahlenstrahl bis 2 000 3
- Rechnen bis 2 000 4

Die Zahlen bis 10 000 5–8
- Tausender, Hunderter, Zehner, Einer 5
- Stellentafel 6
- Zahlenstrahl bis 10 000 7–8

Rechnen bis 10 000 9–12
- Addieren und Subtrahieren – Im Kopf und schriftlich 9–10
- Multiplizieren und Dividieren 11–12

Die Zahlen bis 100 000 13–19
- Stellentafel 13
- Zahlenstrahl bis 100 000 14
- Kilometerzähler 15
- Addieren und Subtrahieren – Im Kopf und schriftlich 16–18
- Multiplizieren 19

Die Zahlen bis 1 000 000 20–22
- Stellentafel 20
- Zahlenstrahl bis 1 000 000 21
- So viel ist eine Million 22

Rechnen bis 1 000 000 23–28
- Addieren und Subtrahieren mit großen Zahlen 23–25
- Schriftliches Addieren und Subtrahieren 26
- Multiplizieren und dividieren 27–28

Schriftliches Multiplizieren 29–32
- Schriftliches Multiplizieren mit Einern, Zehnern und Hundertern ... 29–30
- Schriftliches Multiplizieren mit Zehner-Einer-Zahlen 31
- Schriftliches Multiplizieren von Kommazahlen 32

Schriftliches Dividieren 33–38
- Einführung in das schriftliche Dividieren 33–34
- Nullen im Ergebnis 35
- Schriftliches Dividieren mit und ohne Rest 36
- Dividieren durch Zehner 37
- Schriftliches Dividieren von Kommazahlen 38

Größen 39–43

Lösungen 44–48

Die Zahlen bis 2 000 2

© 2001 Bildungshaus Schulbuchverlage (45658)

Zwei Tausenderstreifen

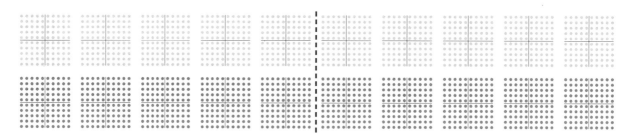

1 Rechne an den Tausenderstreifen.

a) 800 + 200 = 1000 b) 700 + 300 = 1000 c) 900 + 100 = 1000
800 + 400 = 1020   700 + 400 = 1000   900 + 200 = 1100
800 + 500 = 1030   700 + 500 = 1200   900 + 600 = 1500
800 + 800 = 1060   700 + 700 = 1400   900 + 900 = 1800

2 a) 1000 − 200 = 800 b) 1300 − 500 = 800 c) 1400 − 600 = 800
1000 − 500 = 500   1300 − 600 = 700   1500 − 800 = 700
1000 − 800 = 200   1300 − 800 = 500   1600 − 900 = 700
1000 − 900 = 100   1300 − 900 = 400   1200 − 500 = 700

3 a) 1200 + 600 = 1800 b) 1400 + 500 = 1900 c) 1300 + 400 = 1700
1200 − 600 = 600   1400 − 500 = 900   1300 − 400 = 900

4 Die Aufgaben im Blumentopf sind ganz leicht.

a)

900 + 500 = 1400
930 + 500 = 1430
950 + 500 = 1450
980 + 500 = 1480

b)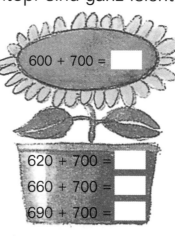

600 + 700 =
620 + 700 =
660 + 700 =
690 + 700 =

c)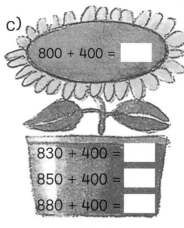

800 + 400 =
830 + 400 =
850 + 400 =
880 + 400 =

5 a)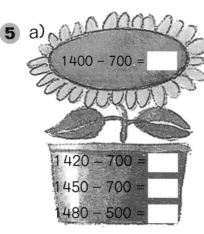

1400 − 700 =
1420 − 700 =
1450 − 700 =
1480 − 500 =

b)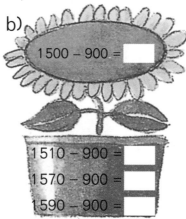

1500 − 900 =
1510 − 900 =
1570 − 900 =
1590 − 900 =

c)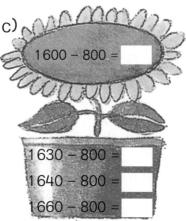

1600 − 800 =
1630 − 800 =
1640 − 800 =
1660 − 800 =

Zahlenstrahl bis 2 000

1 Bei welchen Zahlen stehen die Ballons?

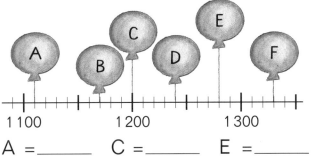

A = _____ C = _____ E = _____
B = _____ D = _____ F = _____

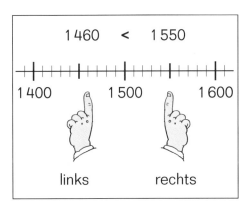

2 a)

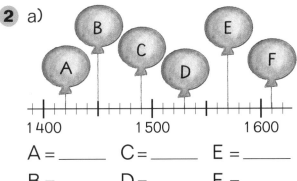

A = _____ C = _____ E = _____
B = _____ D = _____ F = _____

b)

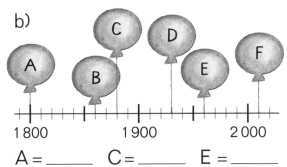

A = _____ C = _____ E = _____
B = _____ D = _____ F = _____

3 Kleiner oder größer? Setze ein: <, >

a) 1 360 ● 1 630   b) 1 930 ● 1 950   c) 1 745 ● 1 754
   1 450 ● 1 350   1 760 ● 1 670   1 403 ● 1 430
   1 870 ● 1 780   1 550 ● 1 650   1 078 ● 1 087

4 Bei welcher Zahl steht der Ballon? Ergänze zu den Nachbarhundertern.

a)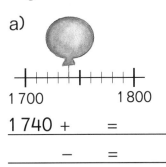

1 740 + ____ = ____
____ − ____ = ____

b)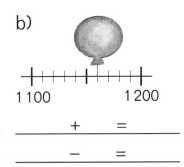

____ + ____ = ____
____ − ____ = ____

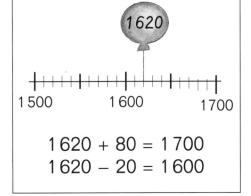

1 620 + 80 = 1 700
1 620 − 20 = 1 600

5 Ergänze zu den Nachbarhunderten.

a) 1 520 + ____ = ____   b) 1 930 + ____ = ____   c) 1 980 + ____ = ____
   ____ − ____ = ____   ____ − ____ = ____   ____ − ____ = ____

Die Zahlen bis 2000

Rechnen bis 2000

1 Schreibe die Aufgabe und rechne.

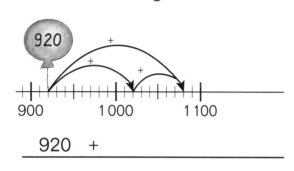

920 + _____

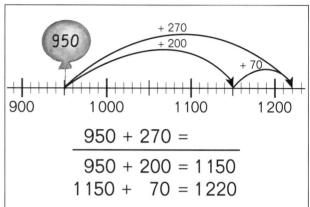

950 + 270 = _____
950 + 200 = 1 150
1 150 + 70 = 1 220

2 a)

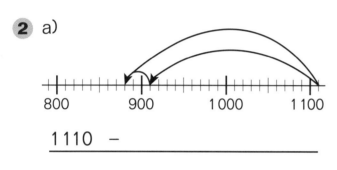

1110 – _____

b)

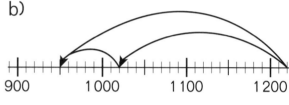

3 a)

+	400	520	660
840			
710			
930			

b)

+	600	430	540
650			
820			
940			

4 a) 1 800 – 500 = ____   b) 2 000 – 400 = ____   c) 2 000 – 700 = ____
     1 830 – 500 = ____   2 050 – 400 = ____   2 020 – 700 = ____

5 a) 1 200 – 400 = ____   b) 1 300 – 600 = ____   c) 1 500 – 800 = ____
     1 250 – 400 = ____   1 340 – 600 = ____   1 560 – 800 = ____
     1 290 – 430 = ____   1 390 – 610 = ____   1 580 – 880 = ____

6 a)

–	500	610	720
1420			
1270			
1160			

b)

–	700	650	840
1570			
1390			
1250			

Die Zahlen bis 10 000   5

Tausender, Hunderter, Zehner, Einer

3 T   5 H   3 Z   4 E
3 000 + 500 + 30 + 4 = 3 534

dreitausendfünfhundertvierunddreißig

1 Wie viele Tausender, Hunderter, Zehner und Einer sind es?
Wie heißt die Zahl?

a) _____ T _____ H _____ Z _____ E
   = _____

b) _____ T _____ H _____ Z _____ E
   = _____

2 Wie heißt die Zahl?

a) 3 000 + 500 + 80 + 3 = _____
   6 000 + 700 + 40 + 9 = _____
   9 000 + 400 + 30 + 7 = _____
   7 000 + 300 + 50 + 8 = _____
   4 000 + 600 + 70 + 1 = _____

b) 5 000 + 70 + 8 = _____
   7 000 + 300 + 6 = _____
   4 000 + 30 + 9 = _____
   9 000 + 500 + 8 = _____
   2 000 + 90 + 1 = _____

3 Nun umgekehrt. Zerlege.

a) 5 780 = _____
   4 357 = _____
   9 741 = _____
   6 085 = _____
   3 421 = _____

a) 7 084 = _____
   4 603 = _____
   9 005 = _____
   8 200 = _____
   5 750 = _____

Die Zahlen bis 10 000

Stellentafel

1 Wie heißt die Zahl?

ZT	T	H	Z	E
	4	8	3	5
	9	6	8	4

sechstausendfünfundneunzig

Stellentafel

ZT	T	H	Z	E	
	7	8	3	4	7834
	6	0	9	5	6095

2 Trage in die Stellentafel ein und schreibe ausführlich.

	ZT	T	H	Z	E	
2349		2	3	4	9	2000 + 300 + 40 + 9
7824						
10000						
9048						
8307						

3 Wie heißt die Zahl?

a) 3T 4H 6Z 8E = __3000 + 400 + 60 + 8__ = _____

b) 7T 3H 9Z 4E = _____

c)   4T 8H   5E = _____

d)   9T   8Z 4E = _____

e) 6T 5H 3Z 7E = _____

f) 5T 2H 5Z 2E = _____

4 Wie heißt die Zahl?

a) 12 H = __ T __ H = _____   b) 20 H = __ T = _____

c) 18 H = __ T __ H = _____   d) 30 H = __ T = _____

| 10 H = 1 T |
| 13 H = 1 T 3 H |
| 10 T = 1 ZT |

5 a) 45 H = _____ = _____   b) 33 H = _____ = _____

35 H = _____ = _____   42 H = _____ = _____

78 H = _____ = _____   93 H = _____ = _____

62 H = _____ = _____   80 H = _____ = _____

88 H = _____ = _____   100 H = _____ = _____

Die Zahlen bis 10 000

Zahlenstrahl bis 10 000

1 Bei welchen Zahlen stehen die Ballons?

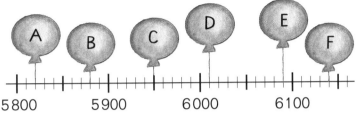

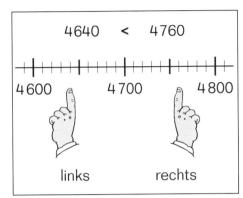

A = _____   C = _____   E = _____
B = _____   D = _____   F = _____

2 a)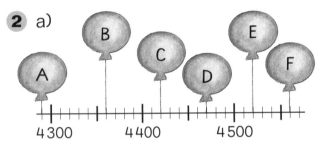

A = _____   C = _____   E = _____
B = _____   D = _____   F = _____

b)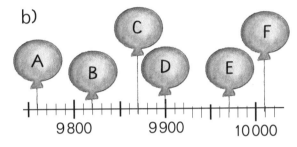

A = _____   C = _____   E = _____
B = _____   D = _____   F = _____

3 Kleiner oder größer? Setze ein: <, >

a) 4580 ◯ 4530   b) 7853 ◯ 7835   b) 9405 ◯ 9504
   8345 ◯ 8354   6304 ◯ 6034   7063 ◯ 6073
   3078 ◯ 3708   8576 ◯ 5768   4112 ◯ 4111
   5232 ◯ 5223   2347 ◯ 2473   8000 ◯ 7999

4 a) 5332 ◯ 5333   b) 9009 ◯ 8008   b) 2332 ◯ 3223
   7878 ◯ 8787   2578 ◯ 2587   6989 ◯ 6998
   4699 ◯ 4698   3333 ◯ 4444   4735 ◯ 5735
   3004 ◯ 3040   6780 ◯ 6807   5050 ◯ 5500

5 Bei welcher Zahl steht der Ballon? Ergänze zu den Nachbarhundertern.

a) (5700 ... 5800)

b) 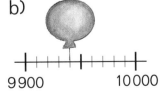 (9900 ... 10000)

c) 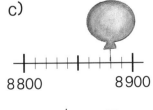 (8800 ... 8900)

5760 + ___ = ___   ___ + ___ = ___   ___ + ___ = ___
5760 − ___ = ___   ___ − ___ = ___   ___ − ___ = ___

Die Zahlen bis 10 000

Zahlenstrahl bis 10 000

1 Bei welchen Zahlen stehen die Ballons?

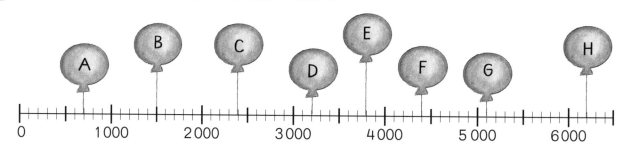

A = _____   C = _____   E = _____   G = _____
B = _____   D = _____   F = _____   H = _____

2

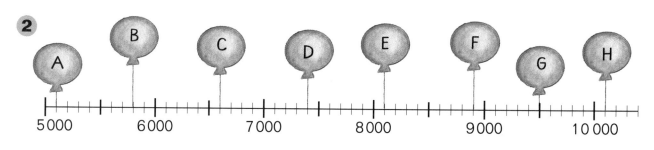

A = _____   C = _____   E = _____   G = _____
B = _____   D = _____   F = _____   H = _____

3 Bei welcher Zahl steht der Ballon?
Ergänze zu den beiden Nachbartausendern.

a)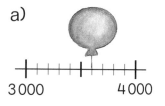

3 600 + ___ = ____
3 600 − ___ = ____

b)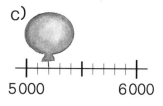

____ + ____ = ____
____ − ____ = ____

c)

____ + ____ = ____
____ − ____ = ____

d)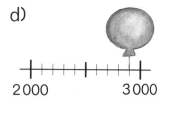

____ + ____ = ____
____ − ____ = ____

e)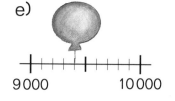

____ + ____ = ____
____ − ____ = ____

f)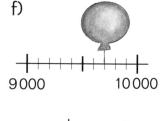

____ + ____ = ____
____ − ____ = ____

Rechnen bis 10 000

Addieren und Subtrahieren – Im Kopf

1 Die Quersumme ist immer 15.

	Ergebnis	Quersumme
a) 7300 + 500 =		
b) 7600 − 700 =		

4530 + 300 =	
Ergebnis	Quersumme
4830	4 + 8 + 3 + 0 = 15

2 Die Quersumme ist immer 14.

a)
	Ergebnis	Q
4220 + 600 =		
3240 + 500 =		
5410 + 400 =		

b)
	Ergebnis	Q
4850 + 600 =		
6930 + 500 =		
4670 + 600 =		

3 Die Quersumme ist immer 8.

a)
	Ergebnis	Q
6100 − 800 =		
5100 − 700 =		
3200 − 600 =		

b)
	Ergebnis	Q
2850 − 700 =		
3110 − 600 =		
4210 − 800 =		

4 Schreibe immer fünf Plus-Aufgaben zu dem Ergebnis.

a) 6000
5200 + 800

b) 8000

c) 10 000

5 Schreibe immer fünf Minus-Aufgaben zu dem Ergebnis.

a) 4000
9000 − 5000

b) 7000

c) 5000

Addieren und Subtrahieren – Schriftlich

1
a) 5387 + 2304
b) 3462 + 4275
c) 6402 + 1855

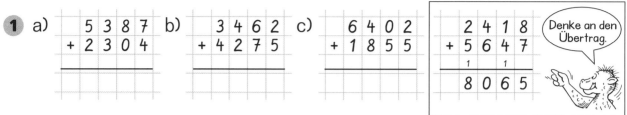

2418 + 5647 = 8065 (Denke an den Übertrag.)

2
a) 4635 + 2187
b) 6593 + 1564
c) 5038 + 3970
d) 1555 + 6772

3 Schreibe untereinander, dann rechne.

a) 3475 + 2648
b) 4038 + 975
c) 6709 + 587

4
a) 5372 − 1128
b) 6493 − 2156
c) 8576 − 3842

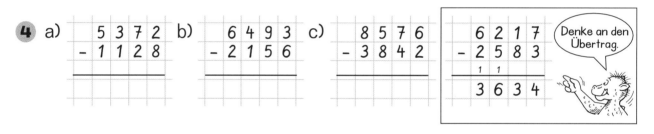

6217 − 2583 = 3634 (Denke an den Übertrag.)

5
a) 7413 − 4158
b) 9520 − 6184
c) 6000 − 2415
d) 10000 − 7538

6 Schreibe untereinander, dann rechne.

a) 6708 − 2485
b) 3261 − 857
c) 10000 − 4536

7 Achte auf die Rechenzeichen. Du erhältst besondere Ergebnisse.

a) 3287 + 2268
b) 2179 + 6709
c) 8705 − 5372
d) 7083 − 2639

Rechnen bis 10 000

Multiplizieren

1 a) 6 · 50 = ____ b) 4 · 60 = ____ c) 3 · 80 = ____
   3 · 50 = ____   8 · 60 = ____   5 · 80 = ____
   8 · 50 = ____   5 · 60 = ____   7 · 80 = ____

7 · 50 = 350
7 · 5 = 35, also 350

2 Die drei Ergebnisse in einem Päckchen ergeben immer 1 000.

   a) 4 · 80 = _____   b) 7 · 50 = _____   c) 4 · 70 = _____
      8 · 70 = _____   5 · 90 = _____   7 · 60 = _____
      3 · 40 = _____   4 · 50 = _____   6 · 50 = _____
      Summe _____   Summe _____   Summe _____

3 a) 4 · 500 = _____   b) 7 · 600 = _____
   3 · 500 = _____   4 · 600 = _____
   8 · 500 = _____   9 · 600 = _____
   6 · 500 = _____   5 · 600 = _____

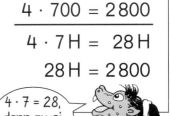

4 · 700 = 2 800
4 · 7 H = 28 H
28 H = 2 800
4 · 7 = 28, dann zwei Nullen

4 a) 7 · 800 = _____   b) 3 · 400 = _____   c) 5 · 800 = _____
   5 · 900 = _____   6 · 800 = _____   9 · 300 = _____
   2 · 700 = _____   4 · 900 = _____   7 · 500 = _____
   9 · 800 = _____   8 · 200 = _____   3 · 900 = _____

5 a)   4 · 3 = _____   b)   5 · 8 = _____   c)   9 · 7 = _____
        40 · 3 = _____   50 · 8 = _____   90 · 7 = _____
       400 · 3 = _____   500 · 8 = _____   900 · 7 = _____

6 a)   7 · 8 = _____   b)   6 · 6 = _____   c)   8 · 4 = _____
        70 · 8 = _____   60 · 6 = _____   80 · 4 = _____
       700 · 8 = _____   600 · 6 = _____   800 · 4 = _____

7 a) 300 · 2 = _____   b) 700 · 5 = _____   c) 900 · 9 = _____
       400 · 4 = _____   800 · 8 = _____   200 · 8 = _____
       500 · 3 = _____   600 · 7 = _____   500 · 6 = _____

Rechnen bis 10 000

Dividieren

1 a) 140 : 7 = ____ b) 120 : 6 = ____ c) 100 : 5 = ____
   350 : 7 = ____   300 : 6 = ____   250 : 5 = ____
   560 : 7 = ____   420 : 6 = ____   400 : 5 = ____

420 : 7 = 60
42 : 7 = 6, also 60

2 Denke immer an das kleine Einmaleins.

a) 490 : 7 = ____ b) 160 : 4 = ____ c) 270 : 9 = ____ d) 450 : 5 = ____
   350 : 5 = ____   320 : 8 = ____   630 : 7 = ____   400 : 8 = ____
   240 : 6 = ____   180 : 2 = ____   360 : 6 = ____   720 : 9 = ____

3 a) 2500 : 5 = ____ b) 3200 : 8 = ____
   4000 : 5 = ____   4800 : 8 = ____
   3000 : 5 = ____   6400 : 8 = ____
   4500 : 5 = ____   7200 : 8 = ____

3500 : 5 = 700
35 : 5 = 7, dann zwei Nullen

4 a) 3600 : 6 = ____ b) 4200 : 7 = ____ c) 2100 : 3 = ____
   4900 : 7 = ____   2800 : 4 = ____   6300 : 7 = ____
   5400 : 9 = ____   1800 : 9 = ____   4000 : 8 = ____

Wer malnehmen kann, kann auch teilen.

5 a) 2800 : 7 = ____   b) 5600 : 8 = ____   c) 5400 : 6 = ____
   2800 : 70 = ____   5600 : 80 = ____   5400 : 60 = ____
   2800 : 700 = ____   5600 : 800 = ____   5400 : 600 = ____

6 a) 2700 : 3 = ____   b) 3500 : 5 = ____   c) 7200 : 9 = ____
   2700 : 30 = ____   3500 : 50 = ____   7200 : 90 = ____
   2700 : 300 = ____   3500 : 500 = ____   7200 : 900 = ____

7 a) 3500 : 70 = ____   b) 2400 : 80 = ____   c) 2800 : 40 = ____
   3500 : 700 = ____   2400 : 800 = ____   2800 : 400 = ____

Die Zahlen bis 100 000

Stellentafel

1 Wie heißt die Zahl?

HT	ZT	T	H	Z	E	
	9	7	6	5	3	
	4	0	8	7	5	
1	0	0	0	0	1	
	6	3	0	5	9	

Stellentafel

HT	ZT	T	H	Z	E	
	9	3	7	4	5	93 745
	4	0	8	3	0	40 830

vierzigtausendachthundertdreißig

2

	HT	ZT	T	H	Z	E	
48 357		4	8	3	5	7	40 000 + 8 000 + 300 + 50 + 7
82 936							
50 741							
24 098							
76 207							
38 940							

3 Wie heißt die Zahl?

a) 4 ZT 3 T 8 H 5 Z 1 E = 40 000 + 3 000 + 800 + 50 + 1 = _____

b) 7 ZT 5 T 3 H 9 Z 6 E = _____

c) 9 ZT   4 H 6 Z 5 E = _____

d) 6 ZT 4 T   3 Z   = _____

e) 8 ZT   4 Z   = _____

f) 2 ZT 5 T 3 H   7 E = _____

4 a) 12 T = ___ ZT ___ T = _____   b) 20 T = ___ ZT

   18 T = ___ ZT ___ T = _____   30 T = ___ ZT

   26 T = ___ ZT ___ T = _____   50 T = ___ ZT

| 10   T = 1 ZT |
| 17   T = 1 ZT 7 T |
| 10 ZT = 1 HT |

5 a) 38 T = ___ ZT ___ T = _____   b) 53 T = _____ ZT _____ T

   44 T = ___ ZT ___ T = _____   92 T = _____ ZT _____ T

   49 T = ___ ZT ___ T = _____   100 T = _____ ZT = _____ HT

Die Zahlen bis 100 000

Zahlenstrahl bis 100 000

1 Bei welchen Zahlen stehen die Ballons?

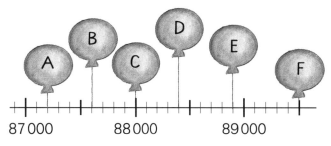

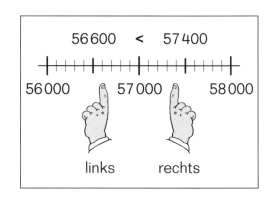

A = _____   C = _____   E = _____
B = _____   D = _____   F = _____

2

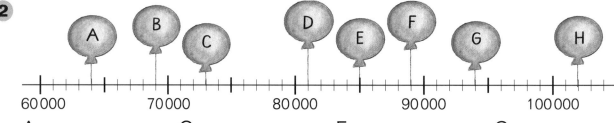

A = _____   C = _____   E = _____   G = _____
B = _____   D = _____   F = _____   H = _____

3 Kleiner oder größer? Setze ein: <, >

a) 73 000 ◯ 74 000   b) 99 500 ◯ 99 400   c) 45 007 ◯ 45 003
   87 000 ◯ 78 000   76 080 ◯ 76 090   28 300 ◯ 32 800

4 Bei welcher Zahl steht der Ballon?
Ergänze zu den benachbarten Zehntausendern.

a)

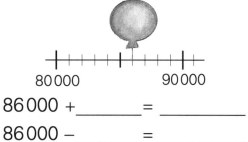

86 000 + _____ = _____
86 000 − _____ = _____

b)

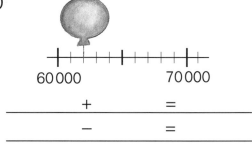

_____ + _____ = _____
_____ − _____ = _____

c)

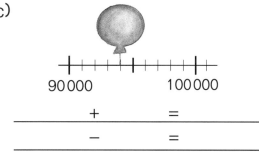

_____ + _____ = _____
_____ − _____ = _____

d)

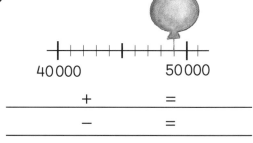

_____ + _____ = _____
_____ − _____ = _____

Die Zahlen bis 100 000

Kilometerzähler

1 Rechne immer mit der Zahl im Kilometerzähler. Wie heißt die neue Zahl?

a) (+ 100) _____   b) (+ 200) _____
c) (+ 1000) _____   d) (+ 2000) _____
e) (+ 10 000) _____ f) (+ 20 000) _____

Kilometerzähler-Zahlen:
5	0	3	1	2
7	2	5	3	4
9	4	7	5	6
0	5	8	6	7

2 Am Kilometerzähler immer weiter.

a) + 100
68 400	
47 700	
34 900	
85 300	

b) + 1000
45 000	
94 000	
36 200	
99 000	

c) + 10 000
37 000	
50 000	
87 500	
63 400	

3

a) + 400
35 100	
44 500	
50 600	
72 800	

b) + 4000
22 000	
46 000	
68 000	
68 500	

c) + 40 000
37 000	
50 000	
43 000	
36 000	

4 Den Kilometerzähler zurück drehen.

a) − 100
33 500	
85 900	
73 100	
40 000	

b) − 1000
48 000	
61 000	
96 000	
50 000	

c) − 10 000
84 000	
91 000	
70 000	
18 000	

5

a) − 600
44 600	
75 800	
60 000	
38 200	

b) − 6000
56 000	
79 000	
40 000	
93 000	

c) − 60 000
80 000	
100 000	
75 000	
66 000	

Rechnen bis 100 000

Addieren und Subtrahieren – Mit Tausenderzahlen

1 57 000 + 9 000 = _____
  57 000 + 3 000 = _____
  _____ + _____ = _____

  48 000 + 7 000 = 55 000
  48 000 + 2 000 = 50 000
  50 000 + 5 000 = 55 000

  In zwei Schritten vorwärts.

2 a) 68 000 + 5 000 = _____   b) 47 000 + 6 000 = _____
   36 000 + 7 000 = _____   84 000 + 7 000 = _____
   79 000 + 8 000 = _____   55 000 + 9 000 = _____

3 a) 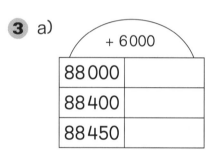   b) 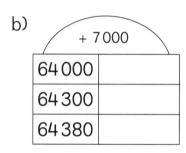   c)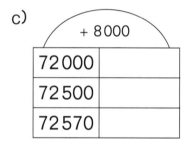

4 a) 32 000 − 8 000 = _____
  32 000 − 2 000 = _____
  _____ − _____ = _____

  53 000 − 7 000 = 46 000
  53 000 − 3 000 = 50 000
  50 000 − 4 000 = 46 000

  In zwei Schritten rückwärts.

  b) 64 000 − 7 000 = _____
  64 000 − _____ = _____
  _____ − _____ = _____

5 a) 43 000 − 4 000 = _____   b) 91 000 − 5 000 = _____
   72 000 − 6 000 = _____   34 000 − 8 000 = _____
   55 000 − 9 000 = _____   66 000 − 9 000 = _____

6 a) 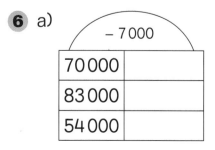   b) 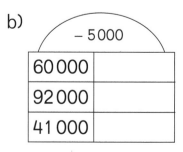   c)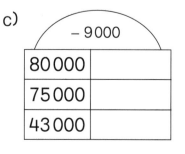

Rechnen bis 100 000 17

© 2001 Bildungshaus Schulbuchverlage (45658)

Addieren und Subtrahieren – Mit Zehntausenderzahlen

1 a) 43 000 + 24 000 = _____

43 000 + _____ = _____

_____ + _____ = _____

b) 28 000 + 24 000 = _____

28 000 + _____ = _____

_____ + _____ = _____

38 000 + 25 000 = 63 000

38 000 + 20 000 = 58 000

58 000 + 5 000 = 63 000

In zwei Schritten vorwärts.

2 a) 38 000 + 46 000 = _____

19 000 + 46 000 = _____

27 000 + 46 000 = _____

b) 26 000 + 35 000 = _____

49 000 + 35 000 = _____

65 000 + 35 000 = _____

3 a) 45 000 + 45 000 = _____

45 000 + 37 000 = _____

45 000 + 28 000 = _____

b) 28 000 + 28 000 = _____

28 000 + 36 000 = _____

28 000 + 57 000 = _____

4 a) 68 000 − 25 000 = _____

68 000 − 20 000 = _____

_____ − _____ = _____

b) 93 000 − 25 000 = _____

93 000 − _____ = _____

_____ − _____ = _____

72 000 − 27 000 = 45 000

72 000 − 20 000 = 52 000

52 000 − 7 000 = 45 000

In zwei Schritten rückwärts.

5 a) 72 000 − 15 000 = _____

83 000 − 15 000 = _____

54 000 − 15 000 = _____

b) 95 000 − 37 000 = _____

82 000 − 37 000 = _____

61 000 − 37 000 = _____

6 a) 82 000 − 14 000 = _____

82 000 − 30 000 = _____

82 000 − 34 000 = _____

b) 93 000 − 16 000 = _____

93 000 − 40 000 = _____

93 000 − 45 000 = _____

Rechnen bis 100 000

Schriftliches Addieren und Subtrahieren

1
a) 24635 + 43242
b) 36408 + 25734
c) 18476 + 53285
d) 62483 + 18936

2 Schreibe untereinander, dann rechne.
a) 36417 + 5238
b) 28632 + 14539
c) 6789 + 76083

3
a) 78034 − 24618
b) 91452 − 48457
c) 63420 − 58117
d) 83000 − 65386

4 Schreibe untereinander, dann rechne.
a) 63005 − 28739
b) 75000 − 9643
c) 91294 − 75387

5 Achte auf die Rechenzeichen. Du erhältst besondere Ergebnisse.
a) 76228 + 23771
b) 4078 + 73699
c) 81203 − 25648
d) 90274 − 56941

Rechnen bis 100 000 19

Multiplizieren

1 a) 90 · 500 = _____
90 · 300 = _____

b) 80 · 800 = _____
80 · 700 = _____

c) 60 · 900 = _____
60 · 400 = _____

7 · 4 = 28, dann drei Nullen

70 · 400 = 28 000

Mit dem Einmaleins fang an,
dann häng alle Nullen an.

2 a) 30 · 800 = 24 000
50 · 900 = _____
80 · 500 = _____

b) 50 · 700 = _____
20 · 800 = _____
60 · 600 = _____

c) 40 · 800 = _____
70 · 500 = _____
90 · 400 = _____

3 a) 6 · 300 = _____
60 · 300 = _____

b) 5 · 800 = _____
50 · 800 = _____

c) 7 · 900 = _____
70 · 900 = _____

4 a) 7 · 40 = _____
70 · 40 = _____
700 · 40 = _____

b) 9 · 60 = _____
90 · 60 = _____
900 · 60 = _____

c) 5 · 80 = _____
50 · 80 = _____
500 · 80 = _____

5 a) 8 · 6 = _____
8 · 6000 = _____

b) 3 · 9 = _____
3 · 9000 = _____

c) 4 · 6 = _____
4 · 6000 = _____

6 Multiplizieren mit dem Zug.

7

Die Zahlen bis 1 000 000

Stellentafel

1 Wie heißt die Zahl?

M	HT	ZT	T	H	Z	E	
	6	4	0	8	5	7	
	9	0	0	3	4	6	
	7	5	6	0	5	8	

Stellentafel

M	HT	ZT	T	H	Z	E	
	3	8	4	7	5	9	384 759

dreihundertvierundachtzigtausend-siebenhundertneunundfünfzig

2 Trage in die Stellentafel ein und schreibe ausführlich.

	M	HT	ZT	T	H	Z	E	
740 845		7	4	0	8	4	5	700 000 + 40 000 + 800 + 40 + 5
307 409								
583 000								
900 470								
805 030								

3 Wie heißt die Zahl?

a) 5 HT   1 T   4 H   2 Z   8 E = 500 000 + 1 000 + 400 + 20 + 8 = _____

b) 7 HT 4 ZT   9 Z   4 E = _____

c) 3 HT   5 T   4 H   8 Z   3 E = _____

d) 1 M   8 Z   5 E = _____

e) 4 HT 7 ZT   6 H   7 E = _____

4 Wie heißt die Zahl?

a) 13 ZT = ___ HT ___ ZT   b) 20 ZT = ___ HT

    25 ZT = ___ HT ___ ZT   30 ZT = ___ HT

    36 ZT = ___ HT ___ ZT   50 ZT = ___ HT

> 10 ZT = 1 HT
> 24 ZT = 2 HT 4 ZT
> 10 HT = 1 M

5 a) 44 ZT = ___ HT ___ ZT   b) 83 ZT = ___ HT ___ ZT

     51 ZT = ___ HT ___ ZT   88 ZT = ___ HT ___ ZT

     75 ZT = ___ HT ___ ZT   10 HT = ___ M

Die Zahlen bis 1 000 000

Zahlenstrahl bis 1 000 000

1 Bei welchen Zahlen stehen die Ballons?

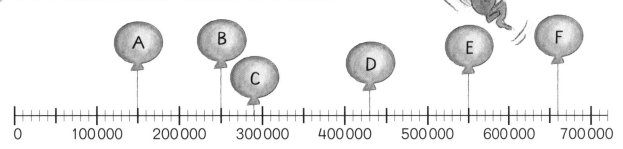

A = _____   C = _____   E = _____
B = _____   D = _____   F = _____

2 Wie weit springt Zahlix?

a) Von A nach B _____   b) Von B nach C _____

c) Von D nach E _____   d) Von E nach F _____

3 Wo steht der Ballon? Ergänze zu den benachbarten Hunderttausendern.

a) 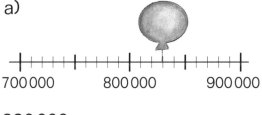   b)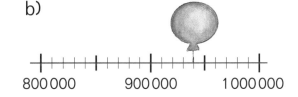

830 000 + _____ = _____   _____ + _____ = _____
830 000 − _____ = _____   _____ − _____ = _____

4 Welche Zahl ist es?

a) Die Zahl steht genau zwischen Null und einer Million: _____

b) Die Zahl steht genau zwischen 500 000 und 700 000: _____

c) Die Zahl ist um   1 größer als 699 999: _____

d) Die Zahl ist um   1 größer als 999 999: _____

e) Die Zahl ist um   1 kleiner als 400 000: _____

f) Die Zahl ist um   1 kleiner als 900 000: _____

g) Die Zahl ist um   10 kleiner als 500 000: _____

h) Die Zahl ist um 100 kleiner als 800 000: _____

Die Zahlen bis 1 000 000

© 2001 Bildungshaus Schulbuchverlage (45658)

22

So viel ist eine Million

	5 m	10 m	15 m

1 a) Wie lang ist die Kette aus 10 Kindern? _____ Meter

b) Wie lang ist die Kette aus 20 Kindern? _____ Meter

2 Wie lang ist die Kinderkette?

Kinder	100	1 000	1 000	10 000	100 000	1 000 000
Länge	m	m	km	km	km	km

3 25 Kinder wiegen 1 000 kg. Das ist 1 t.

a)

Kinder	25	100	1 000	10 000	100 000	1 000 000
Gewicht	1 t	t	t	t	t	t

b) Was ist ungefähr so schwer wie 200 Kinder? Kreuze an.

PKW ☐   Elefant ☐   Bus ☐   Lokomotive ☐

4 In einer Streichholzschachtel sind ungefähr 40 Hölzer.
Wie viele Hölzer sind es?

Schachteln	1	5	10	100	1 000	10 000	100 000
Hölzer	40						

5 Ein Streichholz ist ungefähr 4,5 cm lang. Wie lang ist die Strecke?

Hölzer	1	10	40	100	1 000	1 000 000
Strecke	4,5 cm					

Rechnen bis 1 000 000

Addieren und Subtrahieren mit großen Zahlen

1 a) 400 000 + 200 000 = _____   b) 100 000 + 700 000 = _____
      300 000 + 500 000 = _____   400 000 + 400 000 = _____
      600 000 + 300 000 = _____   200 000 + 800 000 = _____

Das kannst du alles.

2 a) 530 000 + 40 000 = _____   b) 350 000 + 40 000 = _____
      240 000 + 50 000 = _____   160 000 + 30 000 = _____
      810 000 + 70 000 = _____   770 000 + 20 000 = _____

3 a) + 40 000

300 000	
320 000	
350 000	
357 000	

b) + 30 000

800 000	
850 000	
870 000	
864 000	

4 a) 800 000 − 300 000 = _____   b) 400 000 − 200 000 = _____
      700 000 − 500 000 = _____   500 000 − 300 000 = _____
      900 000 − 400 000 = _____   600 000 − 500 000 = _____

5 a) 340 000 − 20 000 = _____   b) 790 000 − 60 000 = _____
      280 000 − 60 000 = _____   870 000 − 50 000 = _____
      470 000 − 50 000 = _____   650 000 − 30 000 = _____

6 a) − 30 000

540 000	
560 000	
590 000	
587 000	

b) − 60 000

860 000	
880 000	
890 000	
874 000	

Rechnen bis 1 000 000   24

© 2001 Bildungshaus Schulbuchverlage (45658)

Addieren und Subtrahieren mit großen Zahlen

1 a) 280 000 + 40 = _____   b) 530 000 + 70 = _____
   280 000 + 400 = _____   530 000 + 700 = _____
   280 000 + 4 000 = _____   530 000 + 7 000 = _____

2 a) 424 000 + 5 000 = _____   b) 984 000 + 5 000 = _____
   342 000 + 7 000 = _____   827 000 + 6 000 = _____
   275 000 + 3 000 = _____   679 000 + 8 000 = _____

3 a) 500 000 − 30 000 = _____ b) 900 000 − 90 000 = _____
   600 000 − 20 000 = _____   700 000 − 50 000 = _____
   800 000 − 60 000 = _____   400 000 − 40 000 = _____

4 a) 300 000 − 4 = _____   b) 700 000 − 8 = _____
   300 000 − 40 = _____   700 000 − 80 = _____
   300 000 − 400 = _____   700 000 − 800 = _____
   300 000 − 4 000 = _____   700 000 − 8 000 = _____

5 a)

−	2 000	5 000
576 000		
488 000		
365 000		

b)

−	2 000	5 000
872 000		
613 000		
934 000		

6 Färbe die Felder mit den Ergebnissen rot.

410 000 − 700 = _____
580 000 − 400 = _____
320 000 − 900 = _____
670 000 − 80 = _____
950 000 − 30 = _____
860 000 − 70 = _____
740 000 − 60 = _____

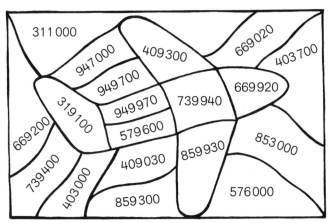

Rechnen bis 1 000 000

Addieren und Subtrahieren mit großen Zahlen

1 a) 480 000 + 60 000 = _____
480 000 + _____ = _____
_____ + _____ = _____

b) 760 000 + 80 000 = _____
760 000 + _____ = _____
_____ + _____ = _____

370 000 + 50 000 = 420 000
370 000 + 30 000 = 400 000
400 000 + 20 000 = 420 000

Jn zwei Schritten vorwärts.

2 a) 560 000 + 50 000 = _____
680 000 + 70 000 = _____
750 000 + 80 000 = _____

b) 640 000 + 80 000 = _____
230 000 + 90 000 = _____
470 000 + 80 000 = _____

3 a)

+ 130 000

340 000	
780 000	
870 000	

b)

+ 250 000

130 000	
470 000	
660 000	

4 a) 320 000 − 50 000 = _____
320 000 − _____ = _____
_____ − _____ = _____

b) 710 000 − 70 000 = _____
_____ − _____ = _____
_____ − _____ = _____

650 000 − 80 000 = 570 000
650 000 − 50 000 = 600 000
600 000 − 30 000 = 570 000

Jn zwei Schritten rückwärts.

5 a) 530 000 − 70 000 = _____
620 000 − 60 000 = _____
440 000 − 90 000 = _____

b) 760 000 − 90 000 = _____
910 000 − 80 000 = _____
830 000 − 50 000 = _____

6 a)

− 240 000

580 000	
610 000	
930 000	

b)

− 360 000

890 000	
720 000	
410 000	

Rechnen bis 1 000 000

Schriftliches Addieren und Subtrahieren

1 Alle Ergebnisse haben die Quersumme 33.

a) 246331
  +123512

Quersumme: ___

b) 360517
  +231455

Quersumme: ___

c) 879536
  + 17194

Quersumme: ___

d) 238169
  +427612

Quersumme: ___

e)   80967
  +772824

Quersumme: ___

f) 429874
  +548657

Quersumme: ___

Denke an den Übertrag.

2

a) 309982
  +289738
  +178057

b) 119810
  +253835
  +614009

c)   4731
  +108373
  + 10352

d) 152517
  +368295
  +129500
  +238576

e) 418369
  +253994
  +138706
  +187808

f) 128360
  +247321
  + 71028
  +108735

3 Färbe die Felder mit den Ergebniszahlen rot.

a) 485786
  −123514

b) 770425
  −354383

c) 627583
  − 4703

d) 624317
  −113829

e) 825175
  − 84079

f) 900715
  −873428

622880	27287		362272			510489		512870
		362290	21583		2795			
27289							416412	317588
	742096		37289					
			510488			741096	416042	

Rechnen bis 1 000 000 27

Multiplizieren

1 a) 5 · 70 000 = _____
3 · 70 000 = _____

b) 6 · 40 000 = _____
9 · 40 000 = _____

c) 8 · 90 000 = _____
8 · 60 000 = _____

4 · 8 = 32, dann 4 Nullen

4 · 80 000 = 320 000

Mit dem Einmaleins fang an, dann häng alle Nullen an.

2 a) 7 · 40 000 = _____
9 · 60 000 = _____
3 · 80 000 = _____

b) 5 · 50 000 = _____
8 · 70 000 = _____
2 · 90 000 = _____

c) 6 · 80 000 = _____
3 · 60 000 = _____
4 · 40 000 = _____

3 a) 300 · 600 = _____
500 · 700 = _____
800 · 200 = _____

b) 400 · 400 = _____
900 · 300 = _____
700 · 800 = _____

c) 200 · 900 = _____
600 · 600 = _____
500 · 700 = _____

4 a) 8 000 · 30 = _____
4 000 · 70 = _____
3 000 · 40 = _____

b) 7 000 · 70 = _____
9 000 · 90 = _____
2 000 · 80 = _____

c) 90 · 6 000 = _____
80 · 4 000 = _____
70 · 8 000 = _____

5 a) 4 000 · 50 = _____
5 000 · 20 = _____
2 000 · 50 = _____
5 000 · 80 = _____

Vorsicht, Falle!

b) 500 · 200 = _____
800 · 500 = _____
400 · 500 = _____
500 · 800 = _____

6 a) 30 · 40 = _____
300 · 40 = _____
3 000 · 40 = _____

b) 60 · 90 = _____
600 · 90 = _____
6 000 · 90 = _____

c) 70 · 80 = _____
700 · 80 = _____
7 000 · 80 = _____

7 a)

·	5 000	6 000
40		
70		
90		

b)

·	400	700
300		
800		
500		

Dividieren

1 a) 4500 :50→ ___   b) 6300 :90→ ___
   :10↘ ↗:5   :10↘ ↗:9
   ___   ___

c) 2400 :30→ ___   d) 1600 :40→ ___
   :10↘ ↗:3   :10↘ ↗:4
   ___   ___

3200 :80→ 40
:10↘ ↗:8
   320

Erst durch 10, dann durch 8

2 a) 3600 : 40 = ___   b) 4500 : 90 = ___   c) 5400 : 60 = ___
   7200 : 80 = ___   2400 : 60 = ___   1800 : 20 = ___
   2500 : 50 = ___   2100 : 70 = ___   1200 : 40 = ___

3 a) 48 000 : 60 = ___   4800 : 6   b) 81 000 : 90 = ___
   24 000 : 80 = ___   16 000 : 40 = ___
   45 000 : 50 = ___   *Jetzt noch*   18 000 : 30 = ___
   54 000 : 90 = ___   *durch 6*   28 000 : 70 = ___

4 a)   140 : 2 = ___   b)   250 : 5 = ___   c)   360 : 4 = ___
   140 000 : 2 = ___   250 000 : 5 = ___   360 000 : 4 = ___

5 a) 210 000 : 7 = ___   b) 630 000 : 9 = ___   c) 640 000 : 8 = ___
   480 000 : 8 = ___   320 000 : 8 = ___   810 000 : 9 = ___
   420 000 : 6 = ___   150 000 : 5 = ___   490 000 : 7 = ___

6 a) 1800 :   30 = ___   b) 2700 :   90 = ___   c) 5600 :   80 = ___
   18 000 :   300 = ___   27 000 :   900 = ___   56 000 :   800 = ___
   180 000 : 3000 = ___   270 000 : 9000 = ___   560 000 : 8000 = ___

7 a)

:	2	40	800
160 000			
240 000			
320 000			

b)

:	60	600	9000
180 000			
360 000			
540 000			

Schriftliches Multiplizieren mit Einern

1 a) 3 2 5 · 2   b) 4 3 1 · 4   c) 6 4 8 · 5   d) 7 1 4 · 3

2 a) 2 3 1 8 · 5   b) 6 2 8 3 · 4   c) 1 4 3 6 · 8   d) 4 3 1 7 · 6

3 Trage den Buchstaben in das Ergebnisfeld ein.

a) 1 2 7 1 · 3 S   b) 4 2 8 5 · 4 U   c) 7 2 1 9 · 5 E   d) 5 8 0 9 · 7 R

e) 6 0 8 9 · 8 U   f) 7 2 6 3 · 9 T   g) 4 2 1 5 · 7 P   h) 8 0 0 6 · 6 G

3813	17140	29505	36095	40663	48036	48712	65367

4

Aufgabe	Überschlag	Setze ein: „liegt über" oder „liegt unter"	Genaues Ergebnis
a) 836 · 4	800 · 4 = 3200	Das Ergebnis liegt über 3200.	
b) 487 · 9		Das Ergebnis	
c) 2018 · 7		Das Ergebnis	
d) 6783 · 5		Das Ergebnis	

a)   b)   c)   d)

Schriftliches Multiplizieren mit Zehnern und Hundertern

1 a) 418 · 20   b) 538 · 30

c) 752 · 60   d) 829 · 40

```
317 · 40
-------
12680
```
Erst mal 4, dann der Nullentrick

2 a) 634 · 70   b) 762 · 90   c) 487 · 80   d) 964 · 60

3 Alle Ergebnisse haben die Quersumme 15.

a) 425 · 30   b) 436 · 60   c) 921 · 50   d) 546 · 40

e) 663 · 40   f) 753 · 70   g) 672 · 70   h) 925 · 60

4 Trage den Buchstaben in das Ergebnisfeld ein.

a) 728 · 900   T   b) 234 · 300   D   c) 573 · 400   S

d) 865 · 500   G   e) 143 · 700   B   f) 329 · 300   U

g) 444 · 500   I   h) 607 · 900   U   i) 390 · 800   T

70 200	98 700	100 100	222 000	229 200	312 000	432 500	546 300	655 200

5 Überschlage zuerst, dann rechne genau.

a) Ü: 600 · 500 = _____   b) Ü: _____   c) Ü: _____

624 · 500   389 · 400   712 · 900

Schriftliches Multiplizieren mit Zehner-Einer-Zahlen

67 · 43	67 · 43	67 · 43
2680	2680	2680
	201	201
		2881

 Erst mal 40
 Dann mal 3
 Dann zusammen

1 a) 48 · 23   b) 86 · 34   c) 78 · 52   d) 39 · 65

2 a) 2563 · 24   b) 7238 · 45   c) 8417 · 78

3 a) 387 · 215   Erst mal 200, dann mal 10, dann mal 5   b) 708 · 453   c) 280 · 593

4 Alle Ergebnisse haben die Quersumme 18.
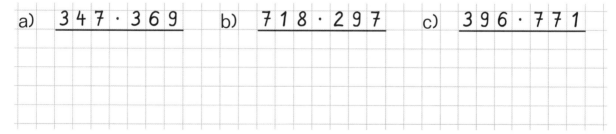
a) 347 · 369   b) 718 · 297   c) 396 · 771

5 Ein Ergebnis ist falsch. Du kannst es durch den Überschlag herausfinden.
a) 493 · 306 = 150 858
Ü: _____
b) 712 · 587 = 417 944
Ü: _____
c) 675 · 412 = 378 120
Ü: _____

 Rechne nun das richtige Ergebnis aus.

Schriftliches Multiplizieren   32

© 2001 Bildungshaus Schulbuchverlage (45658)

Schriftliches Multiplizieren von Kommazahlen

1,78 €

0,89 €

2,40 €

```
 3,1 5 € · 3 9
       9 4 5 0
       2 8 3 5
           1
 1 2 2,8 5 €
```

Das Komma trennt Euro und Cent.

1 Wie viel Euro müssen die Kunden bezahlen?

a)   b)   c)

2
a) 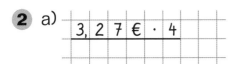 3,2 7 € · 4
b) 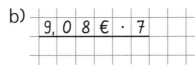 9,0 8 € · 7
c) 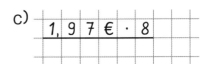 1,9 7 € · 8

3
a)  6,4 3 € · 9 0
b) 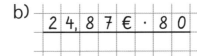 24,8 7 € · 8 0
c) 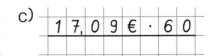 17,0 9 € · 6 0

4
a) 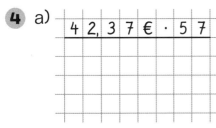 4 2,3 7 € · 5 7
b)  3 8,0 9 € · 6 8
c)  7 0,4 0 € · 8 3

d)  5 6,0 9 € · 9 2
e)  8 0,9 4 € · 7 6
f) 7 8,9 6 € · 5 7

5 Frau Lück kauft 15 Pakete Papier für ihren Drucker. Ein Paket kostet 3,75 €.

Frage: _____

Antwort: _____

Einführung in das schriftliche Dividieren

1 Rechne ebenso. Beginne mit dem Groben.
a) 582 : 3 =
b) 852 : 3 =
c) 868 : 7 =

2 Beginne mit dem Groben.
a) 992 : 8 =
b) 834 : 6 =
c) 948 : 4 =

Schriftliches Dividieren

34

Dividieren durch Einer

1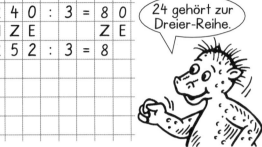

a) 2 4 0 : 3 = 8 0
H Z E   Z E
2 5 2 : 3 = 8

b) 3 6 0 : 4 =
H Z E   Z E
3 9 2 : 4 =

2 Erst das Grobe. Wie heißt der Anfang?

a)   :   =
T H Z E   H Z E
2 8 6 2 : 3 =

b)   :   =
T H Z E   H Z E
4 7 8 5 : 5 =

3 Erst das Grobe. Der Überschlag hilft.

a)   :   =
7 8 9 6 : 8 =

b)   :   =
3 3 7 2 : 6 =

c)   :   =
3 1 3 0 2 : 9 =

d)   :   =
1 9 2 7 1 : 7 =

Nullen im Ergebnis

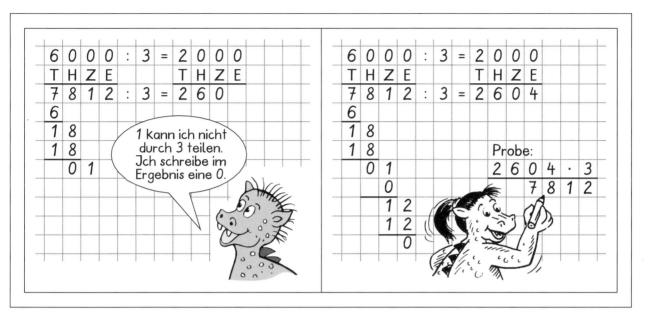

1 Vergiss das Grobe nicht.

a) 6000 : 2 =
6416 : 2 =
Probe: · 2

b) 31161 : 3 =
Probe: · 3

2 Erst das Grobe.

a)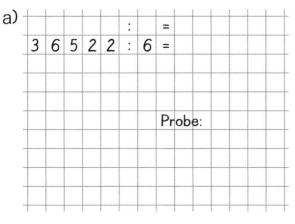
36522 : 6 =
Probe:

b)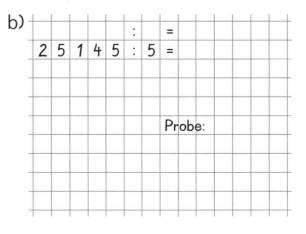
25145 : 5 =
Probe:

Schriftliches Dividieren mit Rest

1 Rechne wie Zahlix.

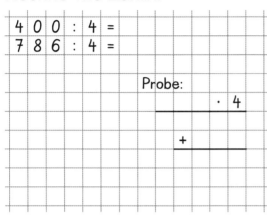

2 Notiere den Rest im Ergebnis.

a) $3267 : 5 =$ Probe:

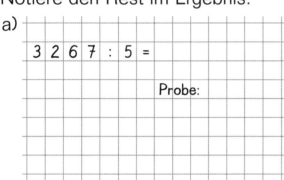

b) $3589 : 4 =$ Probe:

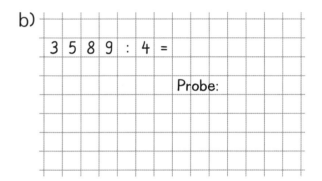

3 Vergiss die Probe nicht.

a) $59487 : 6 =$ Probe:

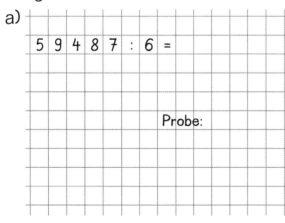

b) $62452 : 7 =$ Probe:

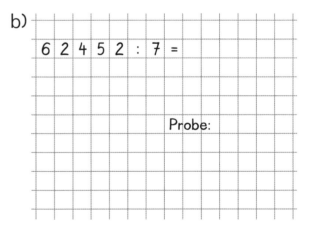

4 a) Kreise rot die Zahlen ein, die du ohne Rest durch 5 teilen kannst.
b) Kreise blau die Zahlen ein, die du ohne Rest durch 2 teilen kannst.

368   470   853   1 205   1 950   2 221   7 000

11 112   17 815   24 375   47 290   555 551   800 000

Schriftliches Dividieren

Dividieren durch Zehner

Erst das Grobe	Der richtige Anfang	Dann weiter

2100 : 30 = 70
2250 : 30 =
 	
21 gehört zur Dreier-Reihe.
	2100 : 30 = 70
	2250 : 30 = 7
	2 1 0
	   1 5
	
	7 · 30 = 210
	15 bleibt übrig.
		2100 : 30 = 70
		2250 : 30 = 75
		2 1 0
		   1 5 0
		   1 5 0
		       0
		
		15 gehört zur Dreier-Reihe.

1 Rechne wie Zahline. Beginne mit dem Groben.

a)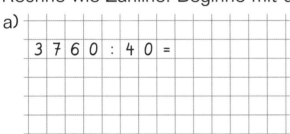
3760 : 40 =

b)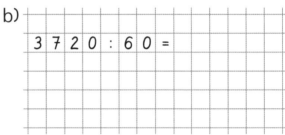
3720 : 60 =

2 Beginne mit dem Groben.

a)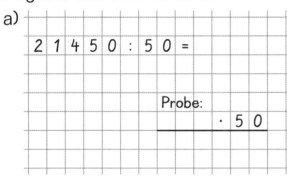
21450 : 50 =

Probe: ___ · 50

b)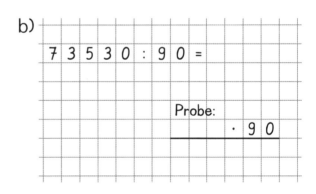
73530 : 90 =

Probe: ___ · 90

3 Vergiss das Grobe nicht. Denke an die Probe.

a)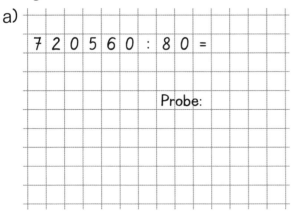
720560 : 80 =

Probe:

b)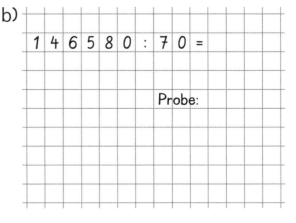
146580 : 70 =

Probe:

Schriftliches Dividieren

Schriftliches Dividieren von Kommazahlen

1

40,00 € : 4 =
67,32 € : 4 =

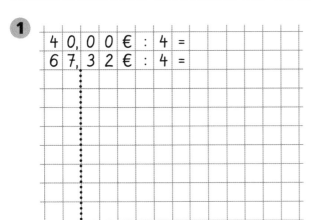

2 a)

____ € : 5 =
78,95 € : 5 =

b)

248,04 € : 9 =

3 Auch diese Aufgaben kannst du lösen.

a) 17,00 € : 4 =

b) 231,00 € : 6 =

4 Fünf CDs mit Popmusik kosten 32,95 €.

Frage: _____

Antwort: _____

Kilogramm und Gramm

1 a) 1,438 kg = _____ g   b) 1 387 g = _____ kg

  2,100 kg = _____ g   2 073 g = _____ kg

  4,070 kg = _____ g   1 470 g = _____ kg

  3,250 kg = _____ g   3 009 g = _____ kg

  1,009 kg = _____ g   2 508 g = _____ kg

```
1 kg = 1000 g
2,375 kg = 2 375 g
2,375 kg = 2 kg 375 g
```

2 a) 700 g = _____ kg   b) 68 g = _____ kg   c) 0,437 kg = _____ g

  459 g = _____ kg   680 g = _____ kg   0,092 kg = _____ g

3 Vervollständige die Tabelle.

3 kg 219 g	1 kg 274 g			2 kg 800 g	
3,219 kg		5,873 kg			3,619 kg
3 219 g			1 275 g		

4 Ordne nach der Größe. Beginne mit dem kleinsten Gewicht.
Die Buchstaben ergeben ein Lösungswort.

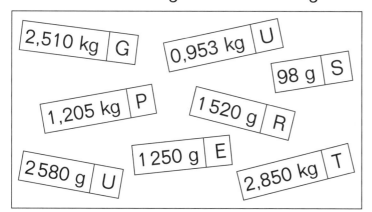

_____ _____ _____ _____ _____ _____ _____ _____ _____

5 Trage ein.

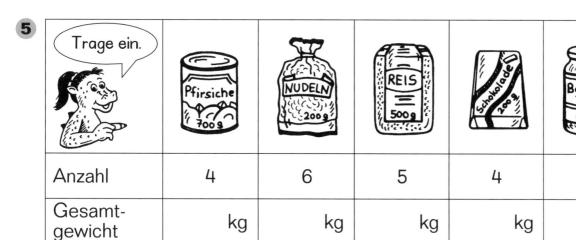

Kilogramm und Tonne

1 a) 1,243 t = _____ kg   b) 2586 kg = _____ t
     4,875 t = _____ kg   3470 kg = _____ t
     0,324 t = _____ kg   859 kg = _____ t
     7,050 t = _____ kg   2060 kg = _____ t

> 1 t = 1000 kg
> 2,457 t = 2457 kg
> 2,457 t = 2 t 457 kg

2 Vervollständige die Tabelle.

1 t 327 kg	2 t 586 kg			3 t 700 kg	
1,327 t		3,765 t			4,075 t
1 327 kg			2 480 kg		

3 Ergänze immer zu einer Tonne.

a) | 1 t |
    200 kg + _____ kg
    780 kg + _____ kg
    430 kg + _____ kg

b) | 1 t |
    50 kg + _____ kg
    825 kg + _____ kg
    505 kg + _____ kg

c) | 1 t |
    0,487 t + _____ kg
    0,975 t + _____ kg
    0,850 t + _____ kg

4 Kleiner, größer oder gleich? Setze ein: <, >, =

a) 500 kg ☐ $\frac{1}{2}$ t   b) 250 kg ☐ $\frac{1}{4}$ t
    540 kg ☐ $\frac{1}{2}$ t   400 kg ☐ $\frac{1}{4}$ t
    470 kg ☐ $\frac{1}{2}$ t   40 kg ☐ $\frac{1}{4}$ t
    50 kg ☐ $\frac{1}{2}$ t   240 kg ☐ $\frac{1}{4}$ t

> $\frac{1}{2}$ t = 500 kg
> $\frac{1}{4}$ t = 250 kg
> $1\frac{1}{2}$ t = 1 500 kg

5 Wie schwer sind die Kisten zusammen?

a) 300 kg, 450 kg, 600 kg   _____ kg = ____ t

b) 650 kg, 450 kg, 200 kg   _____ kg = ____ t

c) 500 kg, 350 kg, 450 kg, 250 kg   _____ kg = ____ t

Liter, Milliliter

1 Ordne zu. Verbinde mit einem Strich.

1 l   10 l   3 l   450 ml $\frac{1}{4}$ l

2 a) 500 ml = _____ l
     250 ml = _____ l
     1000 ml = _____ l
     750 ml = _____ l

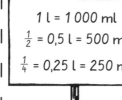

1 l = 1 000 ml
$\frac{1}{2}$ l = 0,5 l = 500 ml
$\frac{1}{4}$ l = 0,25 l = 250 ml

b) 1,0 l = _____ ml
     0,5 l = _____ ml
     0,25 l = _____ ml
     0,75 l = _____ ml

3 Immer drei Angaben sind gleich. Färbe die Felder mit derselben Farbe.

a)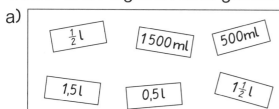

b)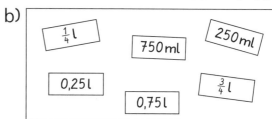

4 Vervollständige die Tabelle.

1 500 ml			250 ml		2 500 ml
$1\frac{1}{2}$ l	1 l	$\frac{1}{2}$ l		$\frac{3}{4}$ l	

5 Ergänze immer zu einem Liter.

a) 1 l
800 ml + _____ ml
600 ml + _____ ml
550 ml + _____ ml

b) 1 l
760 ml + _____ ml
490 ml + _____ ml
120 ml + _____ ml

c) 1 l
$\frac{1}{2}$ l + _____ ml
$\frac{1}{4}$ l + _____ ml
$\frac{3}{4}$ l + _____ ml

6 a)

_____ l

b)

_____ l

c)

_____ l

Größen 42

© 2001 Bildungshaus Schulbuchverlage (45658)

Millimeter, Zentimeter

1 Wie lang sind die Körper der Insekten? Schätze erst, dann miss.

Erdhummel   Kreuzspinne   Ohrwurm

geschätzt	gemessen
cm	cm
cm	cm
cm	cm

2 Wie lang sind die Wege?

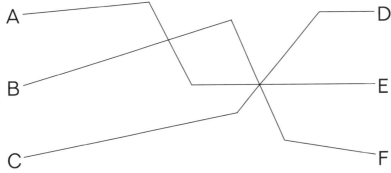

Von A nach E ____ cm

Von B nach F ____ cm

Von C nach D ____ cm

3 a) 1,4 cm = ____ mm

2,5 cm = ____ mm

3,6 cm = ____ mm

0,9 cm = ____ mm

4,0 cm = ____ mm

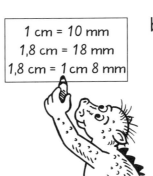

1 cm = 10 mm
1,8 cm = 18 mm
1,8 cm = 1 cm 8 mm

b) 19 mm = ____ cm ____ mm

24 mm = ____ cm ____ mm

35 mm = ____ cm ____ mm

41 mm = ____ cm ____ mm

50 mm = ____ cm ____ mm

4 Immer zwei Längen sind gleich. Färbe die Felder in derselben Farbe.

a)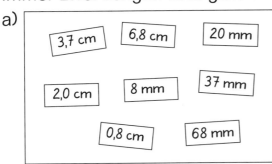

b)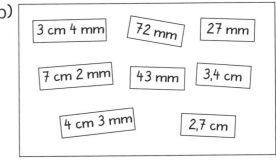

5 a) 1 mm + ____ mm = 1 cm

7 mm + ____ mm = 1 cm

6 mm + ____ mm = 1 cm

8 mm + ____ mm = 1 cm

b) 2,8 cm + ____ mm = 3 cm

1,7 cm + ____ mm = 2 cm

4,5 cm + ____ mm = 5 cm

6,4 cm + ____ mm = 7 cm

Größen 43

Zentimeter, Meter, Kilometer

1 a) 126 cm = ____ m   b) 1,48 m = ____ cm

205 cm = ____ m   4,35 m = ____ cm

360 cm = ____ m   3,08 m = ____ cm

80 cm = ____ m   1,70 m = ____ cm

7 cm = ____ m   2,46 m = ____ cm

100 cm = 1 m
235 cm = 2 m 35 cm
235 cm = 2,35 m

2 Vervollständige die Tabelle.

1 m 37 cm	2 m 14 cm				2 m 9 cm
1,37 m		3,48 m		1,95 m	
137 cm			219 cm		

3 a) 270 cm + 80 cm = ____ m   b) 190 cm + 35 cm = ____ m

150 cm + 70 cm = ____ m   260 cm + 74 cm = ____ m

390 cm + 40 cm = ____ m   380 cm + 83 cm = ____ m

4 Immer zwei Längen sind gleich. Färbe die Felder in derselben Farbe.

a)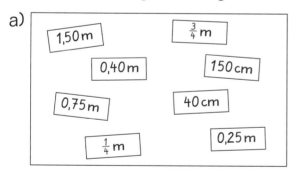

b)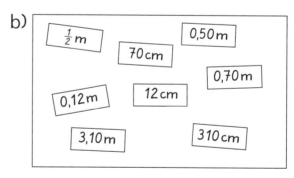

5 a) 2458 m = ____ km   b) 1,358 km = ____ m

3015 m = ____ km   2,500 km = ____ m

4800 m = ____ km   3,080 km = ____ m

5070 m = ____ km   4,007 km = ____ m

1000 m = 1 km
1725 m = 1,725 km
1725 m = 1 km 725 m

6 a) $\frac{1}{2}$ km = ____ m   b) $\frac{3}{4}$ km = ____ m   c) 500 m = ____ km

$\frac{1}{4}$ km = ____ m $2\frac{1}{2}$ km = ____ m   1500 m = ____ km

Lösungen

© 2001 Bildungshaus Schulbuchverlage (45658)

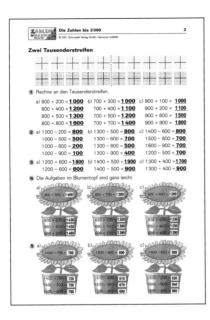
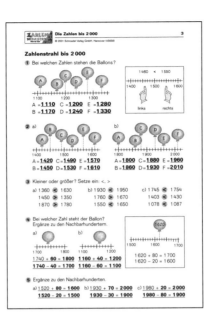
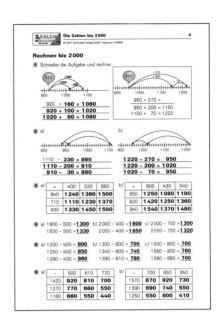
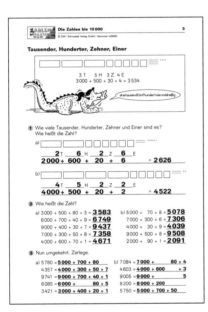
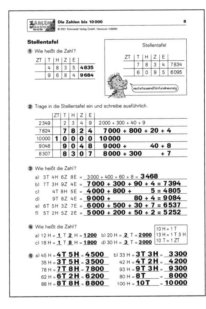
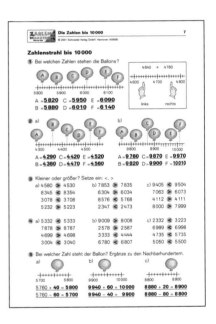
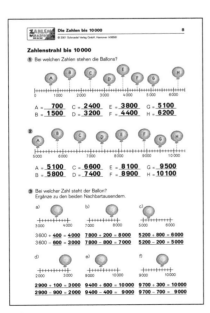
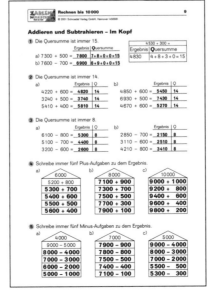
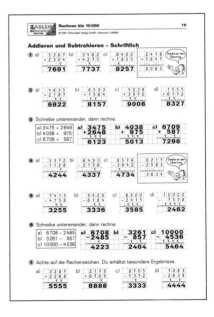

Lösungen

© 2001 Bildungshaus Schulbuchverlage (45658)

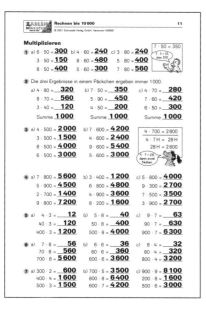
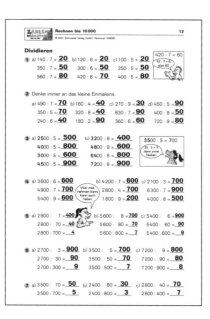
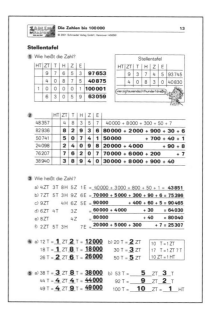
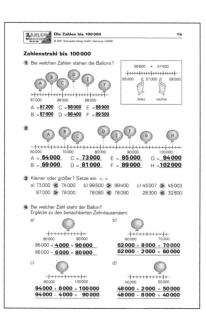
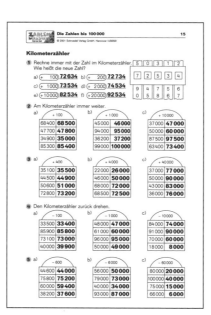
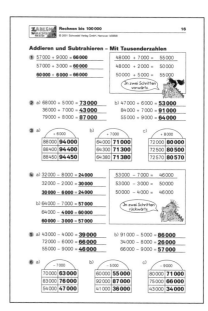

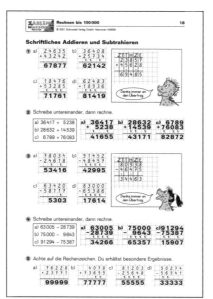
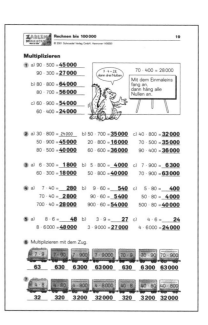

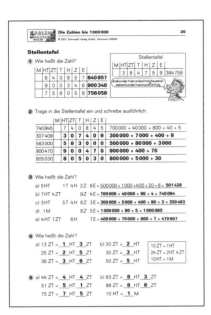
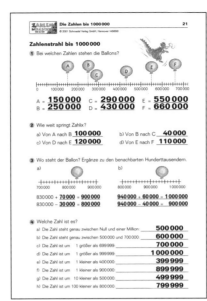
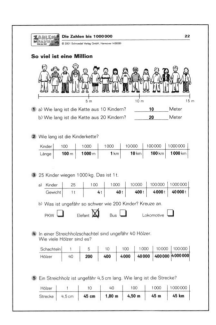
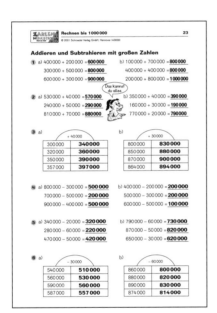
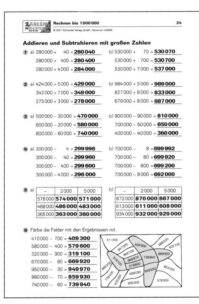
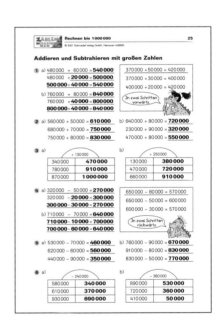

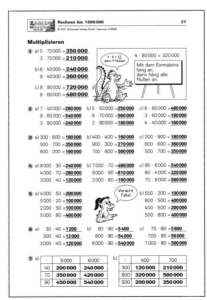
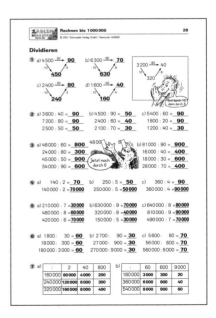

Lösungen

47

© 2001 Bildungshaus Schulbuchverlage (45658)

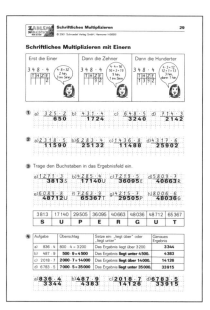
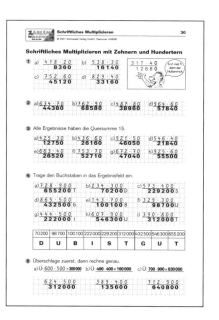
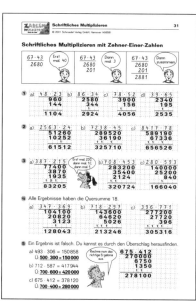
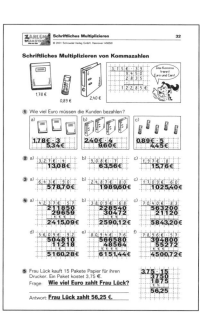
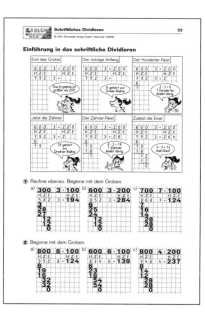
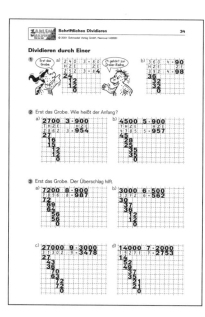
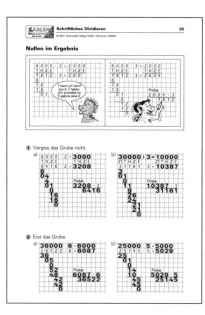
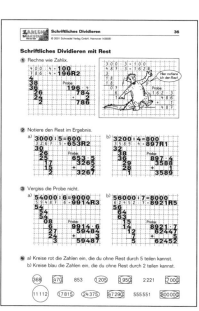
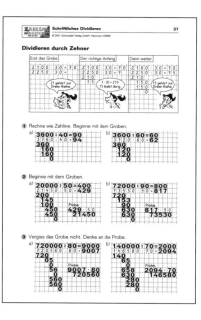

Lösungen

© 2001 Bildungshaus Schulbuchverlage (45658)

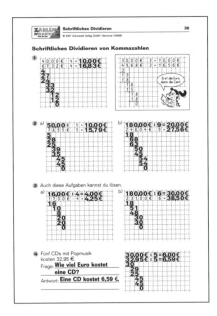
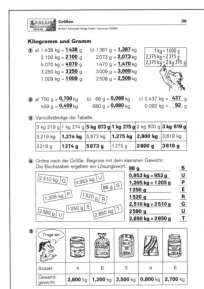
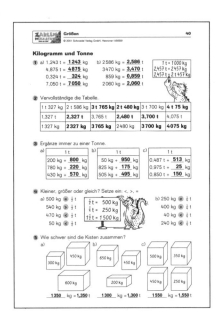
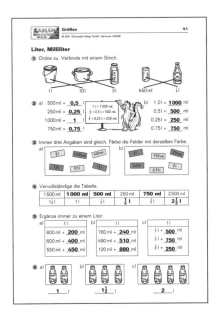
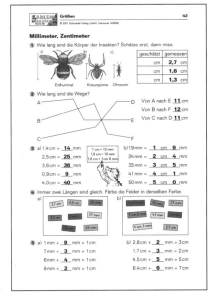
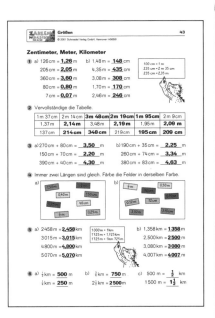